Impressum
Verlag: BABADADA GmbH, Nedderfeld 112 , 22529 Hamburg
Geschäftsführer / Verlagsleitung: Harald Hof
Druck: Books on Demand GmbH, In de Tarpen 42, 22848 Norderstedt

Imprint
Publisher: BABADADA GmbH, Nedderfeld 112 , 22529 Hamburg, Germany
Managing Director / Publishing direction: Harald Hof
Print: Books on Demand GmbH, In de Tarpen 42, 22848 Norderstedt

學校
lekol

教室
klas

除
divize

186/2

黑板
tablo

校園
lakour lekol

老師
profeser

紙
papie

書寫
ekrir

筆
plim

辦公桌
biro

直尺
lareg

書
liv

學生
zelev

書包
sak lekol

鉛筆盒
plimie

鉛筆
kreyon

削鉛筆機
egizwar

橡皮擦
gom

畫板
kaye desin

圖畫
desin

畫筆
pinso

顏料盒
bwat lapintir

剪刀
sizo

膠水
lakol

練習冊
kaye devwar

家庭作業
devwar

數字
nimero

加
azoute

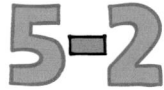

減
retire

乘
miltipliye

計算
kalkile

字母
let

字母表
alfabet

字
mo

課文
text

讀
lir

粉筆
lakre

上課
leson

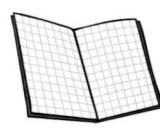

登記
rezis

考試
lexame

證書
sertifika

校服
iniform lekol

教育
ledikasion

百科全書
lansiklopedi

大學
liniversite

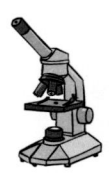

顯微鏡
mikroskop

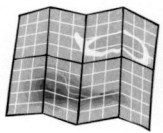

地圖
map

廢紙簍
poubel

旅行

vwayaz

Grand
飯店
lotel
青年旅社
loberz
ROOMS
外幣兌換處
biro sanz
手提箱
valiz
汽車
loto

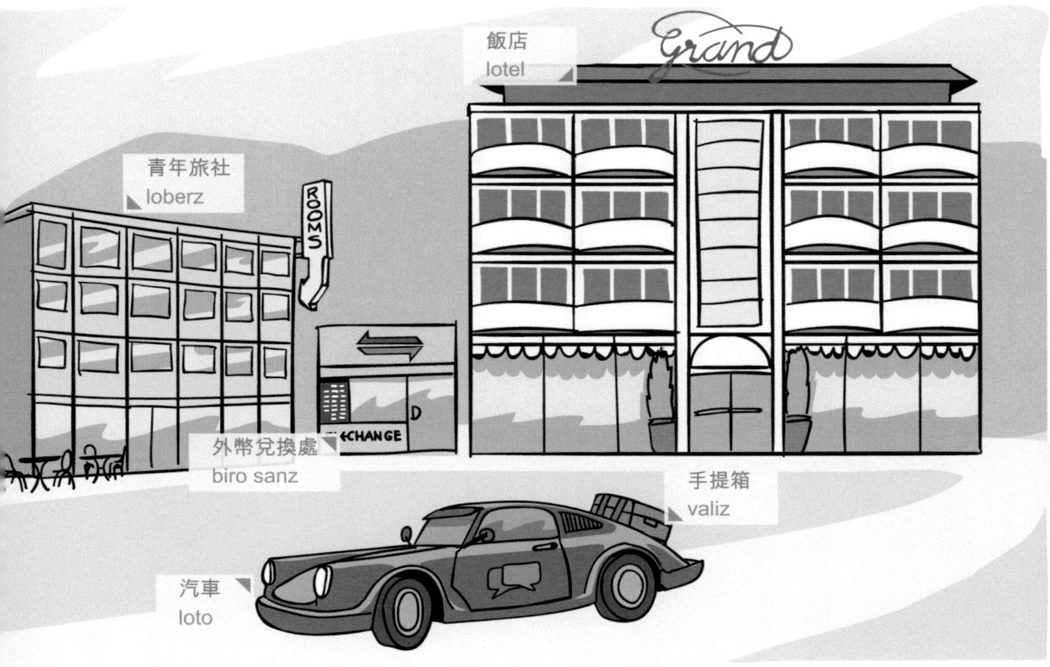

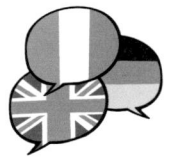

語言

langaz

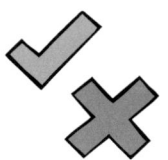

是/否

wi / non

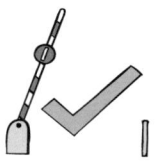

好的

okay

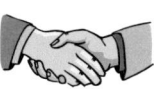

您好

Alo

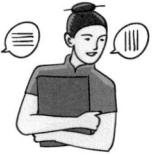

翻譯人員

tradikter

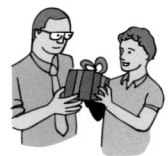

謝謝

Mersi

……多少錢？

komie sa..?

我不明白

Mo pa pe konpran

問題

problem

晚上好！

Bonswar!

早上好！

Bonzour!

晚安！

Bonn nwi!

再見

o-revwar

方向

direksion

行李

bagaz

包

sak

背包

sak-a-do

客人

ot

房間

pies

睡袋

sak kousaz

帳篷

latant

旅行資訊

lofis tourism

海灘

laplaz

信用卡

kart kredi

早餐

ti-dezene

午餐

dezene

晚餐

dine

票

biye

電梯

lasanser

郵票

tem

邊界

frontier

海關

ladwann

大使館

lanbasad

簽證

viza

護照

paspor

交通運送

transpor

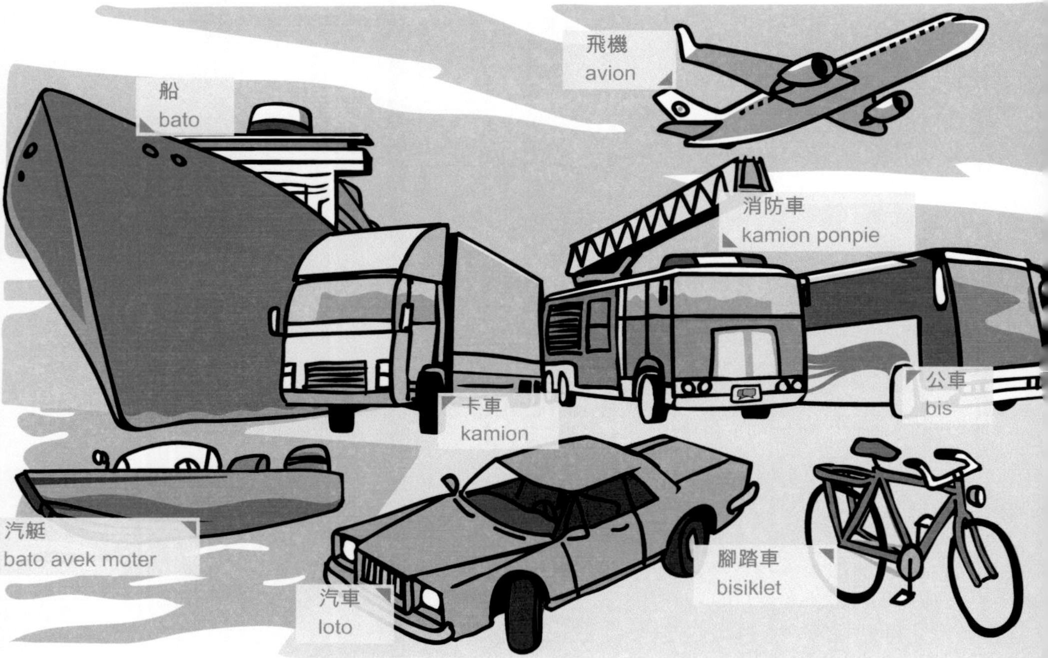
飛機
avion
船
bato
消防車
kamion ponpie
公車
bis
卡車
kamion
汽艇
bato avek moter
腳踏車
bisiklet
汽車
loto

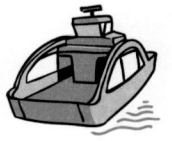

渡輪

feri

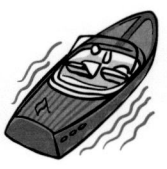

小船

bato

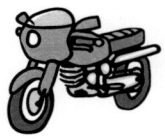

機車

motosiklet

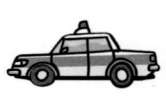

警車

loto lapolis

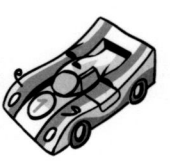

賽車

loto lekours

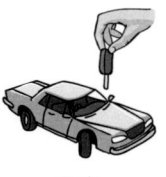

租車

loto lokasion

拼車

ko-vwatiraz

拖車

kamion towing

垃圾車

kamion salte

馬達

moter

汽油

lesans

加油站

filing

交通標識

pano indikasion

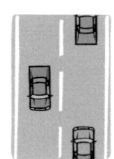

交通

trafik

交通堵塞

anbouteyaz

停車場

parking

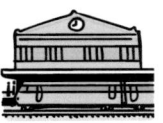

火車站

stasion trin

軌道

ray

火車

trin

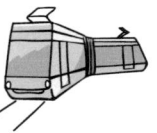

路面電車

tram

客車廂

vagon

直升機

elikopter

機場

aeropor

塔

towing

乘客

pasaze

集裝箱

kontener

紙板箱

karton

手推車

sario

籃子

panie

起飛/降落

dekole / aterir

城市

lavil

村莊

vilaz

市中心

sant-vil

房子

lakaz

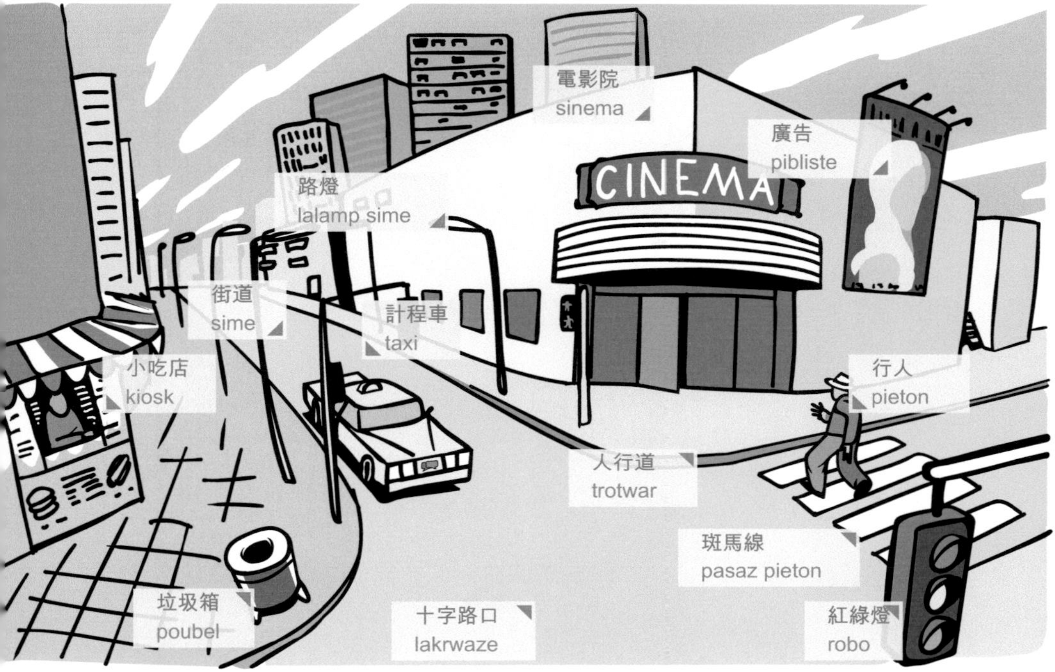
電影院
sinema
廣告
pibliste
CINEMA
路燈
lalamp sime
街道
sime
計程車
taxi
小吃店
kiosk
行人
pieton
人行道
trotwar
斑馬線
pasaz pieton
垃圾箱
poubel
十字路口
lakrwaze
紅綠燈
robo

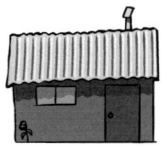

小屋

kabann

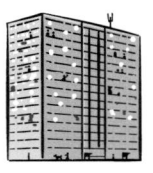

公寓

flat

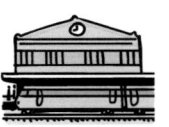

火車站

stasion trin

市政廳

minisipalite

MUSEUM

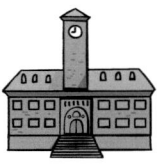

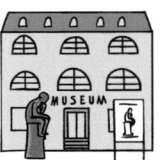

博物館

mize

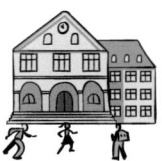

學校

lekol

大學

liniversite

銀行

labank

醫院

lopital

飯店

lotel

藥房

farmasi

辦公室

biro

書店

libreri

商店

magazin

花店

fleris

超市

sipermarse

市場

bazar

百貨商店

gran magazin

魚店

pwasonnri

購物中心

sant komersial

海港

lepor

公園

park

長凳

labank

橋

pon

樓梯

leskalie

捷運

metro

隧道

tinel

公車站

bistop

酒吧

bar

餐館

restoran

郵筒

bwat-a-let

路標

pano

停車計時器

parkmet

動物園

zoo

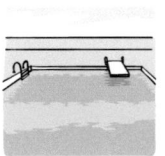

游泳池

pisinn

清真寺

moske

農場

laferm

污染

polision

墓地

simitier

教堂

legliz

操場

lespas pou zwe

寺廟

tanp

地形

peizaz

樹葉
fey

指示牌
pano indikasion

路
sime

草地
preri

石頭
ros

樹
pie

徒步旅行者
randonner

河
larivier

草
lerb

花
fler

峽谷

lavale

丘陵

kolinn

湖

lak

森林

bwa

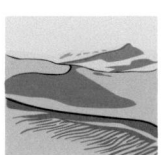

沙漠

dezer

火山

volkan

城堡

sato

彩虹

larkansiel

蘑菇

sanpinion

棕櫚樹

palmie

蚊子

moutik

蒼蠅

mous

螞蟻

fourmi

蜜蜂

abey

蜘蛛

zarenie

甲蟲

koksinel

青蛙

grenouy

松鼠

ekirey

刺蝟

erison

野兔

lapin

貓頭鷹

ibou

鳥

zwazo

天鵝

sign

野豬

sangliye

鹿

serf

麋鹿

elan

水壩

dam

風力發電機

eolienn

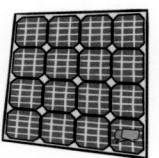

太陽能電池板

pano soler

氣候

klima

餐館
restoran

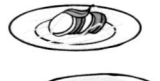

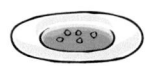

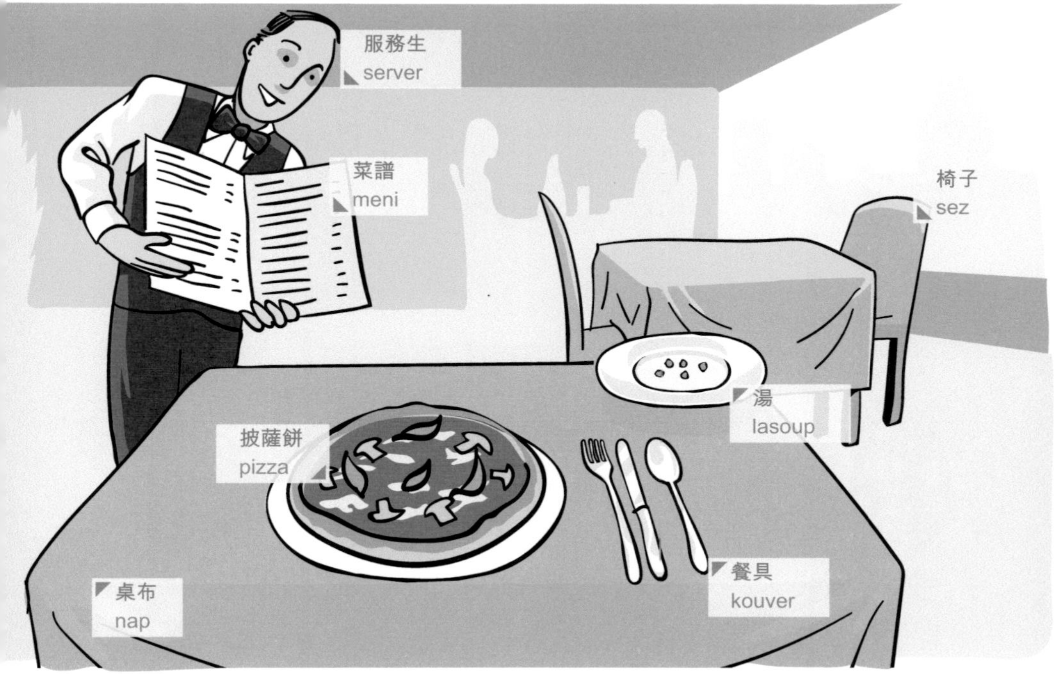

服務生
server
菜譜
meni
椅子
sez
湯
lasoup
披薩餅
pizza
餐具
kouver
桌布
nap

前菜

lantre

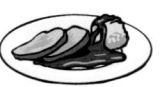

主菜

pla prinsipal

甜點

deser

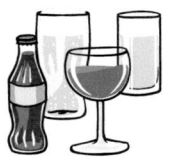

飲料

labwason

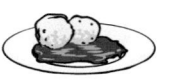

食物

manze

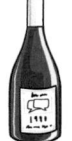

瓶子

boutey

速食

fast food

街邊小吃

take-away

茶壺

teyer

糖盒

po disik

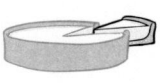

一份飯菜

porsion

義式咖啡機

masinn expresso

高腳椅

sez-ot

帳單

bill

托盤

plato

刀

kouto

餐叉

fourset

勺子

kwiyer

茶匙

ti-kwiyer

餐巾

serviet

玻璃杯

ver

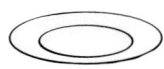

碟子

lasiet

湯盤

lasiet

碟子

soukoup

醬

lasos

鹽瓶

po disel

胡椒研磨罐

moulin dipwav

醋

vineg

食用油

delwil

調味料

zepis

番茄醬

ketchup

芥末

lamoutard

美乃滋

mayonez

超市
sipermarse

特價
promosion
FOR
顧客
klian
乳製品
prodwi a baz dile
水果
frwi
購物車
trole

BUTCHERS

肉鋪

bousri

BAKERY

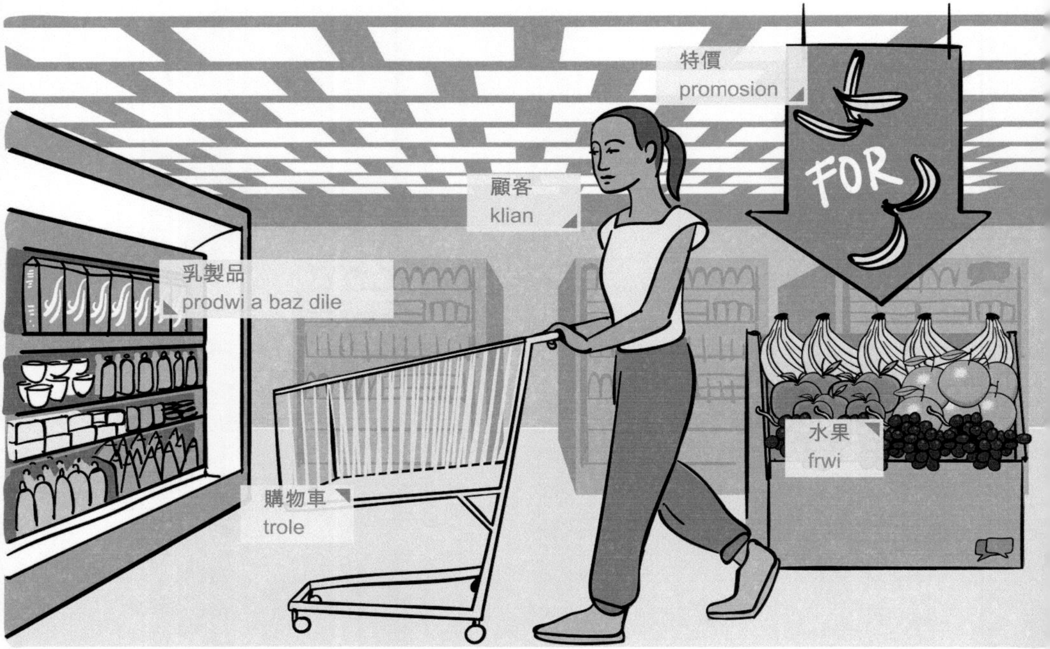

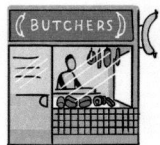

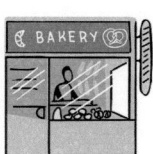

麵包店

boulanzri

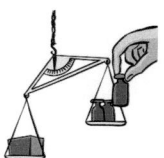

稱重

peze

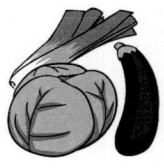

蔬菜

legim

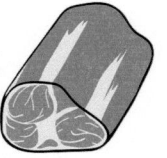

肉

laviann

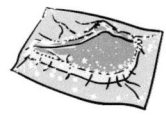

冷凍食品

aliman konzele

冷盤

sarkitri

罐頭食品

bwat konserv

洗衣粉

lapoud masinn

甜食

bonbon

日用品

komision

清潔用品

deterzan

銷售員

vandez

收銀機

lakes

收銀員

kesie

購物清單

lalis komision

開放時間

ouvertir

錢包

portfey

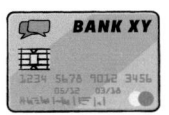

信用卡

kart kredi

袋子

sak

塑膠袋

sak plastik

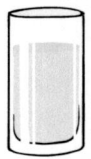

水
delo

果汁
zi

牛奶
dile

可樂
coca

紅酒
divin

啤酒
labier

酒
lalkol

可可
sokola so

茶
dite

咖啡
kafe

義式濃縮咖啡
expresso

卡布奇諾
cappuccino

香蕉

banann

蘋果

pom

柳丁

zoranz

西瓜

melon

檸檬

sitron

胡蘿蔔

karot

大蒜

lay

竹子

banbou

洋蔥

zwayon

蘑菇

sanpiyon

堅果

nwazet

麵條

minn

義大利麵

spageti

米飯

diri

沙拉

salad

薯條

chips

炸馬鈴薯

pomdeter frir

披薩餅

pizza

漢堡

burger

三明治

sandwich

炸豬排

eskalop

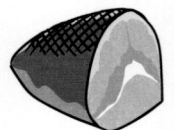

火腿

zanbon

義大利臘腸

salami

香腸

sosis

雞肉

poul

烤肉

roti

魚

pwason

燕麥片

oatmeal

木斯里

muesli

玉米片

kornbif

麵粉

lafarinn

牛角麵包

krwasan

麵包捲

ti-dipin

麵包

dipin

吐司

dipin griye

餅乾

biskwi

奶油

diber

凝乳

fromaz blan

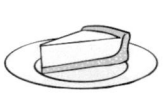

蛋糕

gato

蛋

dizef

煎蛋

dizef frir

起司

fromaz

冰淇淋

sorbe

糖

disik

蜂蜜

dimiel

果醬

konfitir

巧克力醬

nouga

咖哩

kari

農場

laferm

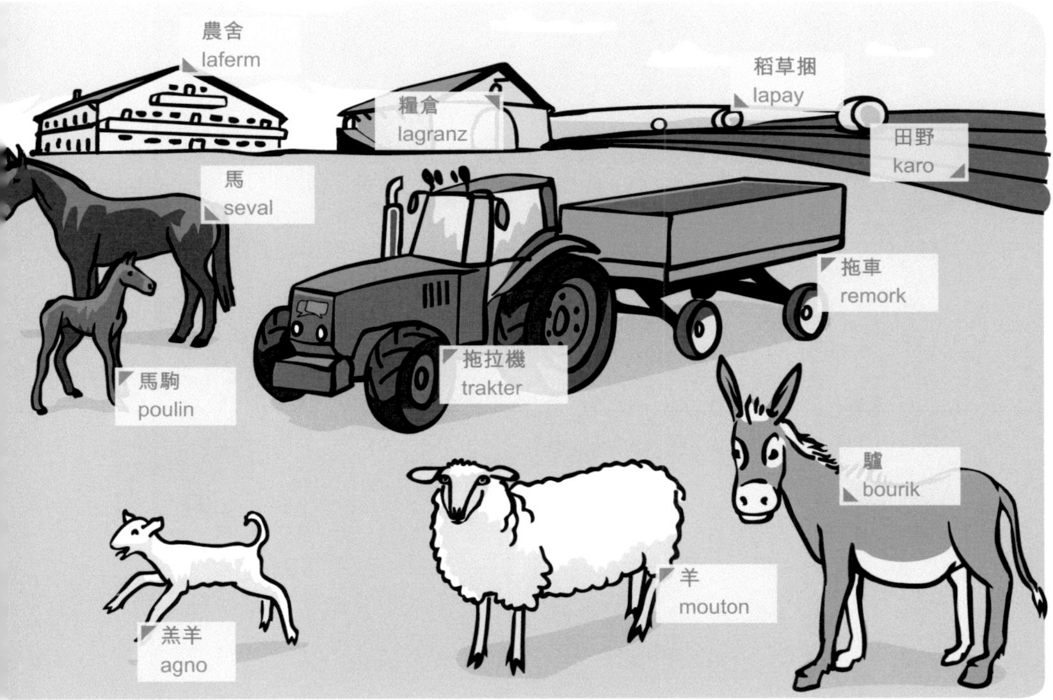

農舍
laferm
糧倉
lagranz
稻草捆
lapay
田野
karo
馬
seval
拖車
remork
馬駒
poulin
拖拉機
trakter
驢
bourik
羔羊
agno
羊
mouton

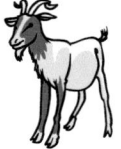

山羊

kabri

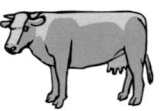

奶牛

vas

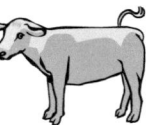

小牛

vo

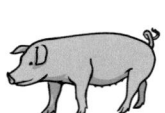

豬

koson

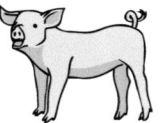

小豬

ti-koson

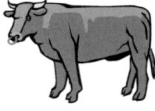

公牛

toro

鵝

lezwa

鴨

kanar

小雞

pousin

母雞

poul

公雞

kok

鼠

lera

貓

sat

老鼠

souri

牛

bef

狗

lisien

狗屋

lakaz lisien

花園澆水軟管

tiyo

澆水壺

arozwar

長柄大鐮刀

laserp

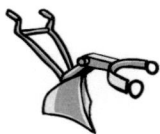

犁

saret

鐮刀
fosi

鋤頭
pios

長柄草耙
fours

斧頭
lars

獨輪手推車
bouret

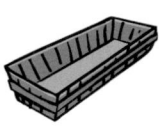

飼料槽
kiv

牛奶罐
bwat dile

麻布袋
sak

柵欄
fencing

馬廄
letab

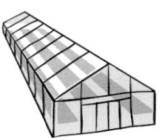

溫室
laser

土壤
later

種子
lagrin

肥料
langre

聯合收割機
masinn pou fer rekolt

收割

rekolte

收割

rekolt

地瓜

ignam

小麥

dible

大豆

soya

土豆

pomdeter

玉米

may

油菜籽

colza

果樹

zarb frwitie

樹薯

maniok

穀物

sereal

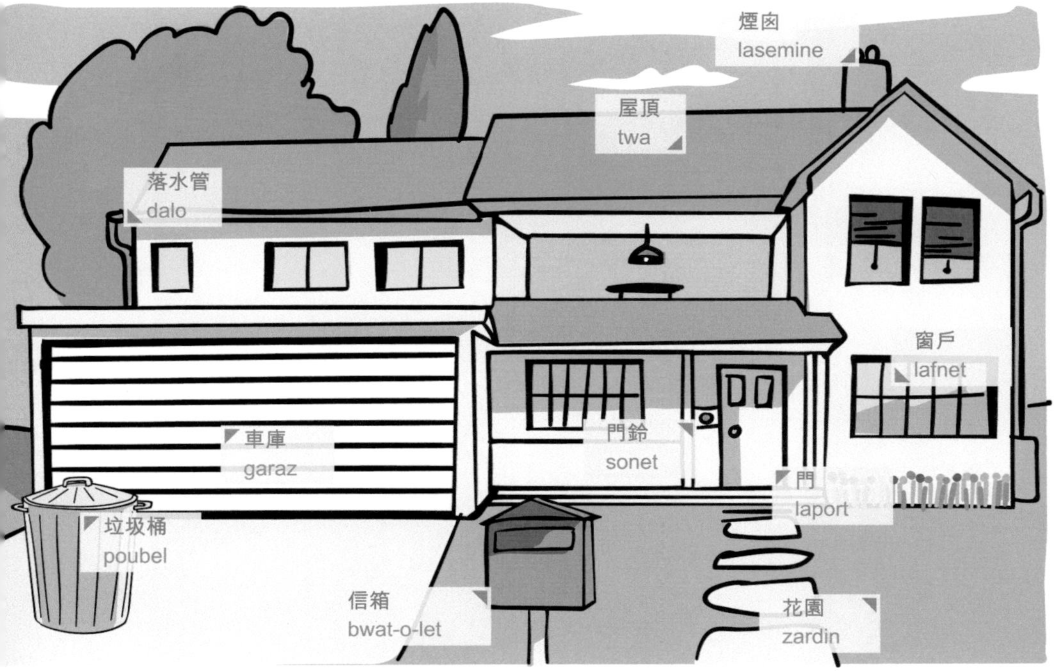

煙囪
lasemine

屋頂
twa

落水管
dalo

窗戶
lafnet

車庫
garaz

門鈴
sonet

門
laport

垃圾桶
poubel

信箱
bwat-o-let

花園
zardin

客廳
salon

浴室
saldebin

廚房
lakwizinn

臥室
lasam

兒童房
lasam zanfan

餐廳
salamanze

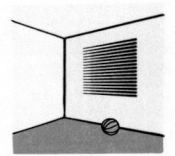

地板
sali

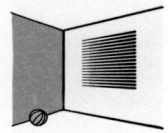

牆壁
miray

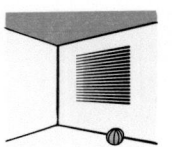

天花板
plafon

地窖
lakav

三溫暖
sona

陽臺
balkon

露臺
teras

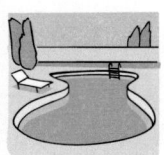

游泳池
pisinn

割草機
masinn koup gazon

被單
dra

床罩
kwet

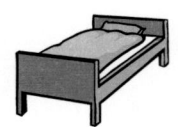

床
lili

掃帚
balie

水桶
seo

開關
take lalimier

客廳

salon

壁紙
papie-pin
相片
foto
檯燈
lalamp
擱架
letazer
櫥櫃
larmwar
電視
televizion
壁爐
lasemine
花
fler
墊子
kousin
沙發
sofa
花瓶
vaz
遙控器
rimot-kontrol

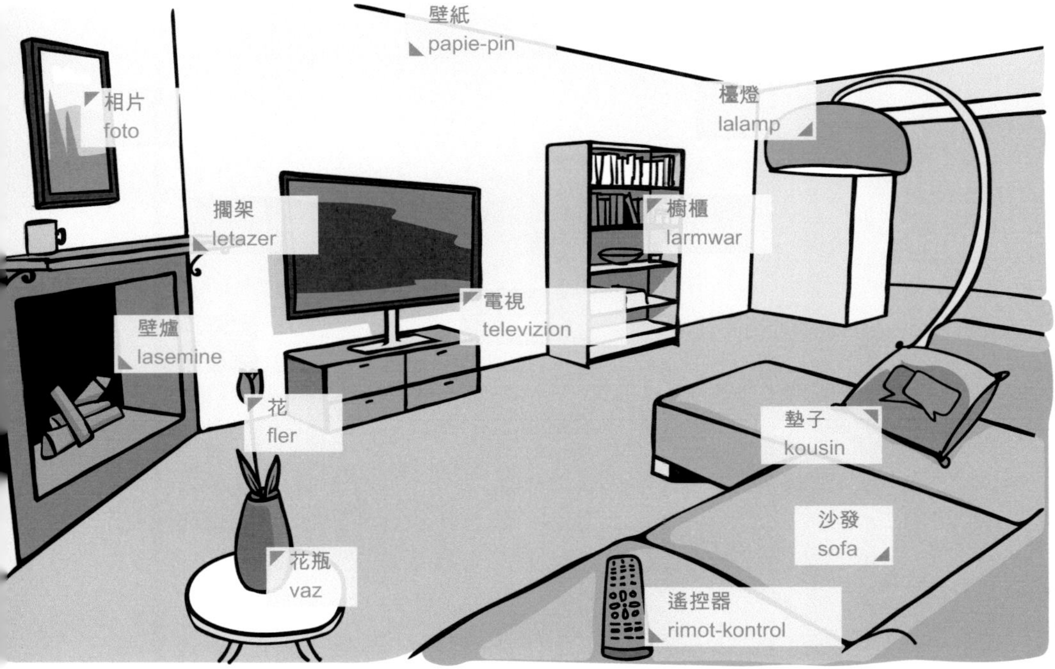

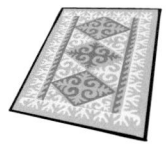

地毯

tapi

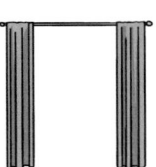

窗簾

rido

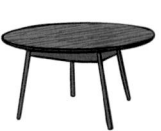

餐桌

latab

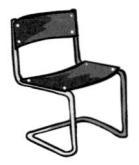

椅子

sez

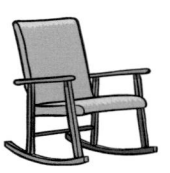

搖椅

rocking chair

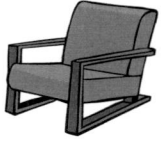

扶手椅

fotey

書

liv

毯子

kouvertir

裝飾品

dekorasion

木柴

dibwa foye

電影

fim

高傳真音響

hi-fi

鑰匙

lakle

報紙

zournal

油畫

lapintir

海報

poster

收音機

radio

筆記本

bloknot

吸塵器

laspirater

仙人掌

kaktis

蠟燭

labouzi

客廳 - salon

廚房
lakwizinn

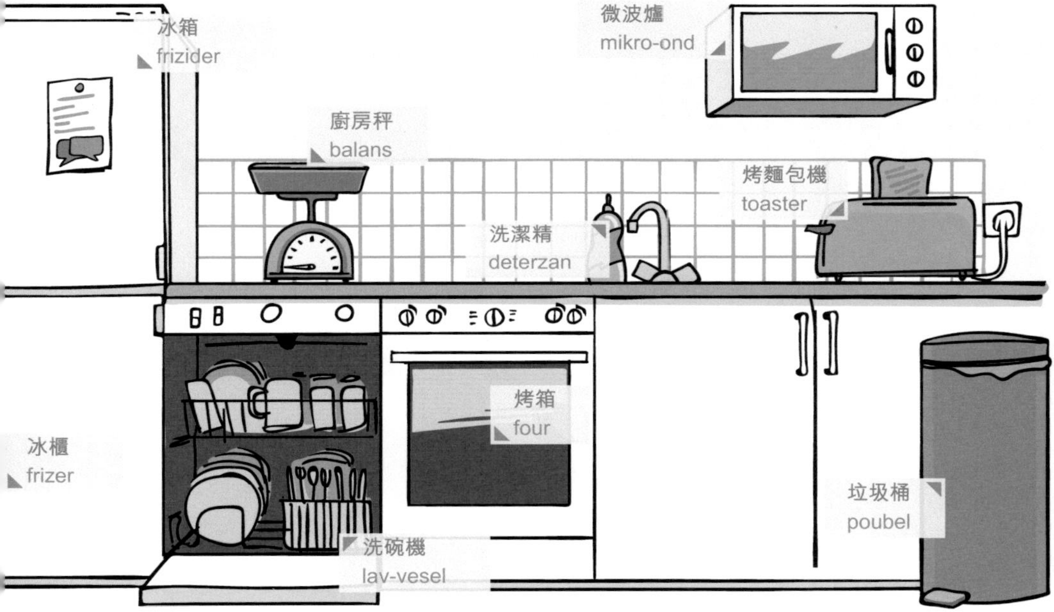
冰箱
frizider
微波爐
mikro-ond
廚房秤
balans
烤麵包機
toaster
洗潔精
deterzan
烤箱
four
冰櫃
frizer
垃圾桶
poubel
洗碗機
lav-vesel

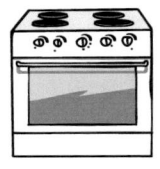

炊具
four

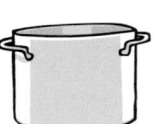

鍋
kasrol

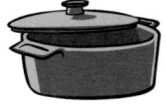

鑄鐵鍋
marmit

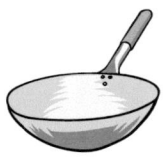

炒鍋
wok

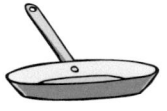

平底鍋
pwal

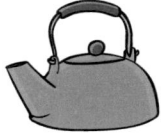

水壺
boulwar

蒸鍋

steamer

烤盤

plak kwison

陶瓷鍋

vesel

馬克杯

goble

碗

bol

筷子

baget sinwa

長柄勺

lous

鏟子

spatil

攪拌器

fwet

濾網

paswar

篩子

tami

磨碎機

larap

研缽

mortie

燒烤

griyad

明火

lasemine

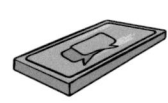

菜板

biyo

擀麵杖

roulo

開瓶器

tirbouson

罐子

bwat konserv

開罐器

ouvbwat

隔熱手套

legan proteksion

水槽

lavabo

刷子

bros

海綿

leponz

攪拌機

blender

冷藏箱

konzelater

奶瓶

bibron

水龍頭

robine

浴室

saldebin

供暖裝置
sofaz
毛巾
serviet
淋浴
dous
浴簾
rido dous
泡沫浴
bin mousan
浴缸
benwar
玻璃杯
ver
洗衣機
masinn lave
水龍頭
robine
瓷磚
karo
便壺
potsam
水槽
lavabo

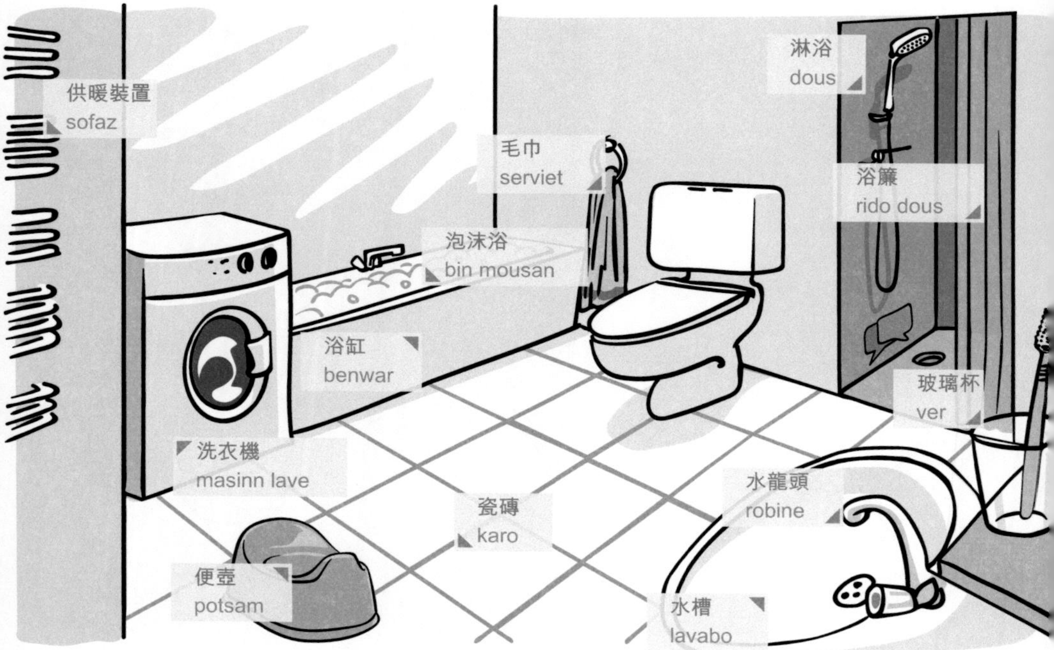

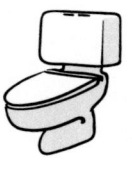

廁所
twalet

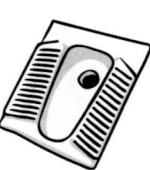

蹲便器
twalet

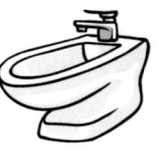

坐浴器
bide

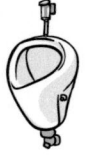

小便斗
piswar

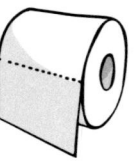

廁紙
papie twalet

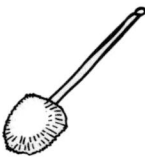

馬桶刷
bros twalet

牙刷

bros ledan

牙膏

dantifris

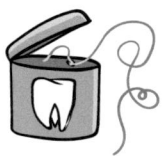

牙線

fil danter

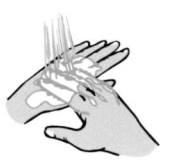

洗

lave

手持式蓮蓬頭

ti-bin

沖洗器

dous

洗臉盆

basin

洗背刷

bros ledo

肥皂

savon

沐浴露

zel dous

洗髮乳

sanpwin

法蘭絨

gandebin

排水

drin

乳霜

lakrem

除臭劑

deodoran

浴室 - saldebin

鏡子

mirwar

手鏡

mirwar

刮鬍刀

razwar

刮鬍泡沫

lamous pou raze

鬍後水

apre-razaz

梳子

pengn

刷子

bros

吹風機

seswar

噴髮定型劑

lak

化妝品

makiyaz

唇膏

dirouz

指甲油

verni

化妝棉

cotton wool

指甲剪

tay-zong

香水

parfin

洗漱包

trous twalet

凳子

stoul

計重秤

balans

浴袍

penwar

橡膠手套

legan netwayaz

衛生棉條

tanpon

衛生棉

serviet izienik

化學廁所

twalet simik

兒童房
lasam zanfan

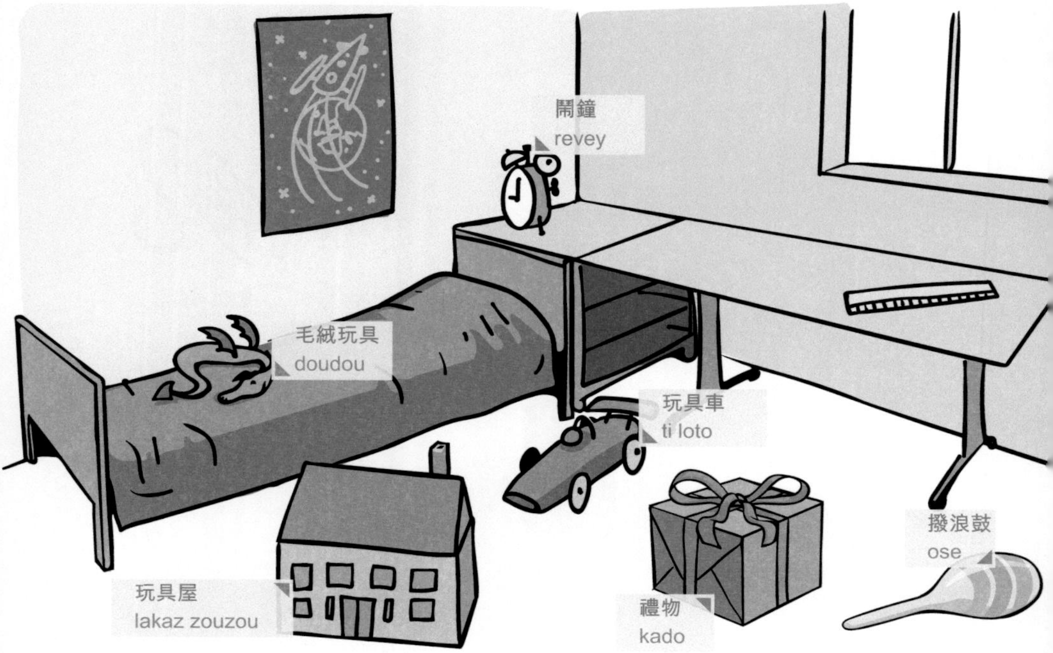
鬧鐘
revey
毛絨玩具
doudou
玩具車
ti loto
撥浪鼓
ose
玩具屋
lakaz zouzou
禮物
kado

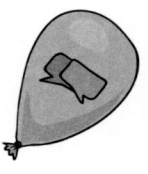

氣球

balon

床

lili

嬰兒車

pouset

撲克牌

kart

拼圖

puzzle

SUPER MEGA

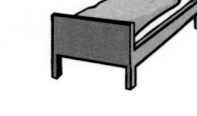

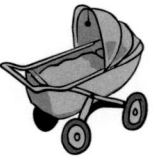

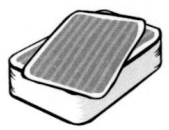

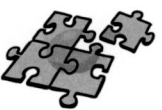

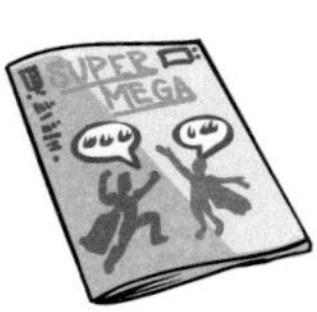

漫畫

tikomik

樂高積木

lego

積木玩具

lego

公仔

figirinn

嬰兒服

grenouyer

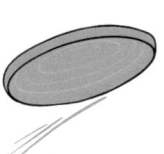

飛盤

frisbee

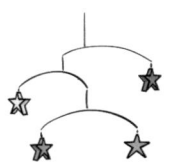

床鈴玩具

mobil

棋盤遊戲

zwe

骰子

lede

火車模型

trin zouzou

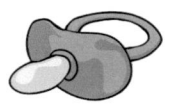

安撫奶嘴

siset

派對

fet

繪本

liv ek zimaz

球

boul

洋娃娃

poupet

玩

zwe

沙坑

bak-a-sab

鞦韆

balanswar

玩具

zouzou

電玩遊戲

game

三輪車

trisik

泰迪熊

nounours

衣櫃

larmwar

衣服
linz

襪子

soset

長襪

leba

緊身褲

kolan

圍巾
esarp

雨傘
parapli

皮帶
sintir

T恤
t-shirt

運動鞋
tenis

靴子
bot

拖鞋
pantouf

涼鞋
sandalet

鞋
soulie

雨靴
bot an karotsou

內褲
souvetman

胸罩
soutiengorz

背心
vest

衣服 - linz

身體

body

褲子

pantalon

牛仔褲

jeans

短裙

zip

女式襯衫

blouz

襯衫

simiz

套頭衫

pull-over

連帽上衣

blouzon ek kapison

西裝夾克

vest

夾克

jaket

外套

manto

雨衣

pardesi

套裝

kostim

連衣裙

rob

婚紗

rob lamarye

西裝

kostim

睡袍

robdesam

睡衣

pizama

莎麗

sari

頭巾

foular

包頭巾

tirban

波卡

bourka

卡夫坦

kaftan

(阿拉伯式)長袍

abaya

泳衣

mayo de bin

男式泳褲

mayo de bin

短褲

sorti de sekour

運動服

linz spor

圍裙

tabliye

手套

legan

鈕扣

bouton

眼鏡

linet

手鏈

brasle

項鍊

kolie

戒指

bag

耳環

zanon

便帽

bone

衣架

sint

帽子

sapo

領帶

kravat

拉鍊

fermetirekler

安全帽

elmet

背帶

bretel

校服

iniform lekol

制服

iniform

圍兜

bavwar

安撫奶嘴

siset

尿布

lanz

辦公室
biro

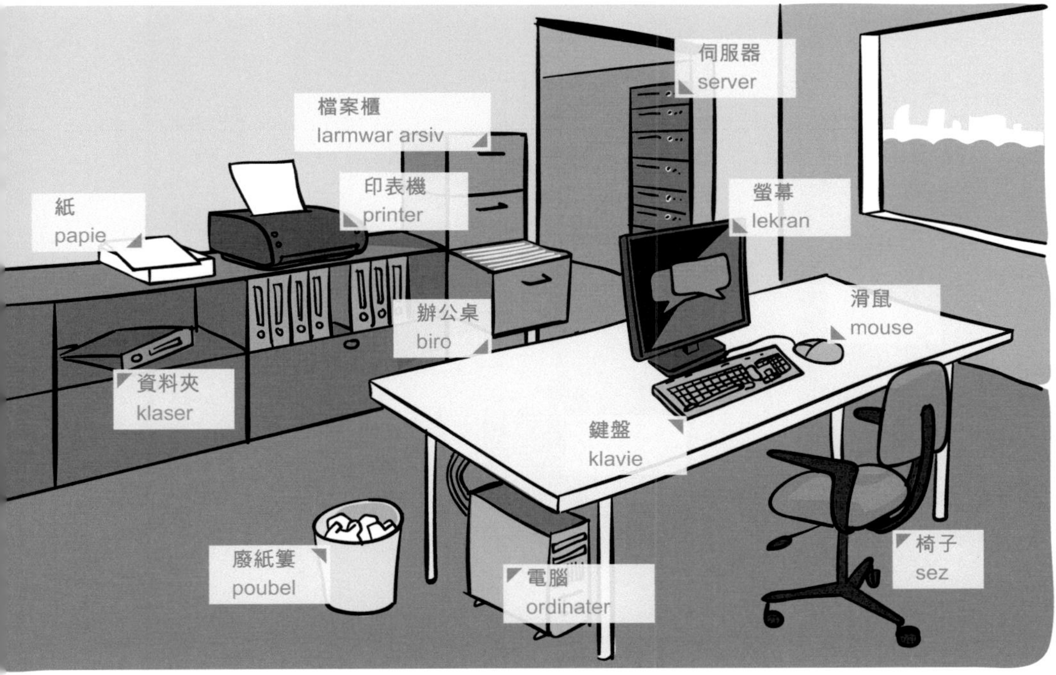

伺服器
server

檔案櫃
larmwar arsiv

印表機
printer

紙
papie

螢幕
lekran

滑鼠
mouse

辦公桌
biro

資料夾
klaser

鍵盤
klavie

廢紙簍
poubel

電腦
ordinater

椅子
sez

咖啡杯

mug

計算機

kalkilatris

網際網路

internet

筆記型電腦

laptop

信件

let

簡訊

mesaz

行動電話

portab

網路

rezo

影印機

fotokopi

軟體

lozisiel

電話

telefonn

插座

priz

傳真機

fax

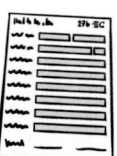

表格

form

檔案

dokiman

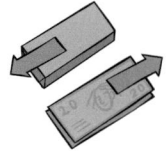

買

aste

付錢

peye

交易

fer biznes

現金

larzan

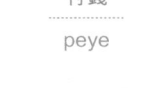

美元

dolar

歐元

euro

日元

yen

盧布

rouble

瑞士法郎

fran swis

人民幣

renminbi yuan

盧比

roupi

提款處

distribiter biye

外幣兌換處

biro sanz

金

lor

銀

larzan

石油

petrol

能源

lenerzi

價格

pri

合約

kontra

稅金

tax

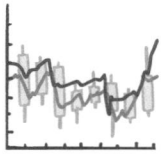

股票

aksion

工作

travay

職員

anplwaye

老闆

anplwayer

工廠

lizinn

商店

magazin

職業

travay

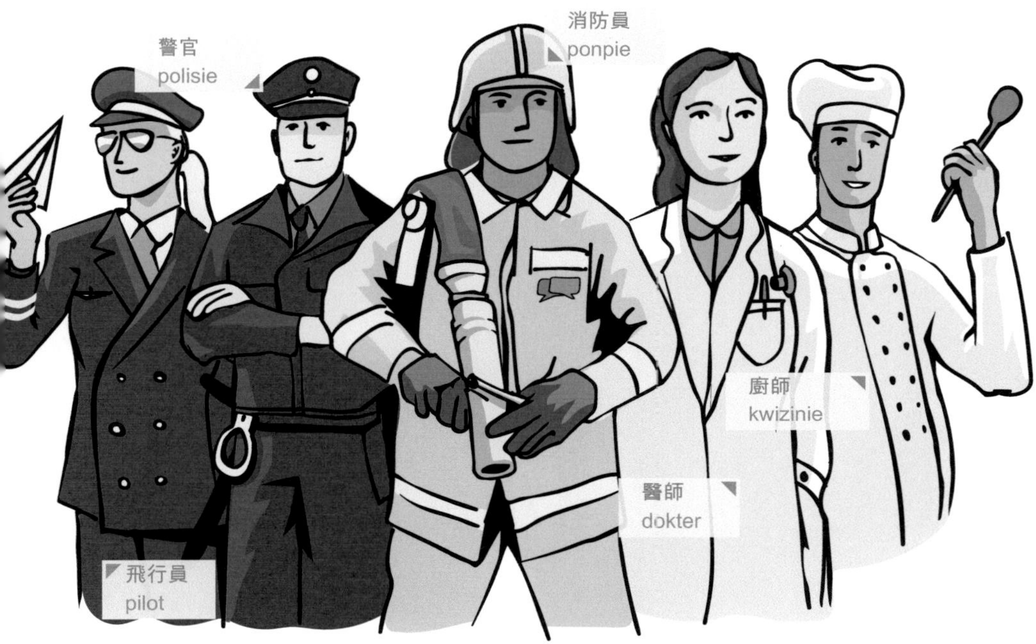

警官
polisie
消防員
ponpie
廚師
kwizinie
醫師
dokter
飛行員
pilot

園丁

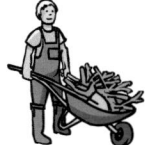

zardinie

木匠

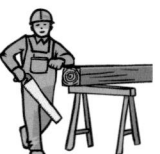

sarpantie

裁縫

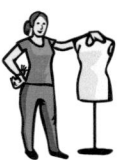

koutirier

法官

ziz

化學家

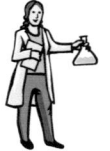

simis

演員

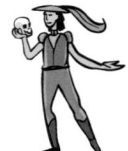

akter

公車司機

sofer bis

計程車司機

sofer taxi

漁夫

peser

清洗女工

bonn

屋頂工

zouvriye twa lakaz

服務生

server

獵人

saser

畫家

pint

麵包師

boulanze

電工

elektrisien

建築工人

zouvriye

工程師

inzenier

屠夫

bouse

水管工

plonbie

郵差

fakter

士兵

solda

建築師

arsitek

收銀員

kesie

花農

fleris

理髮師

kwafez

售票員

chek

機械技師

mekanisien

船長

kapitenn

牙醫

dantis

科學家

siantis

拉比

rabi

伊瑪目

imam

和尚

mwann

牧師

pret

工具

zouti

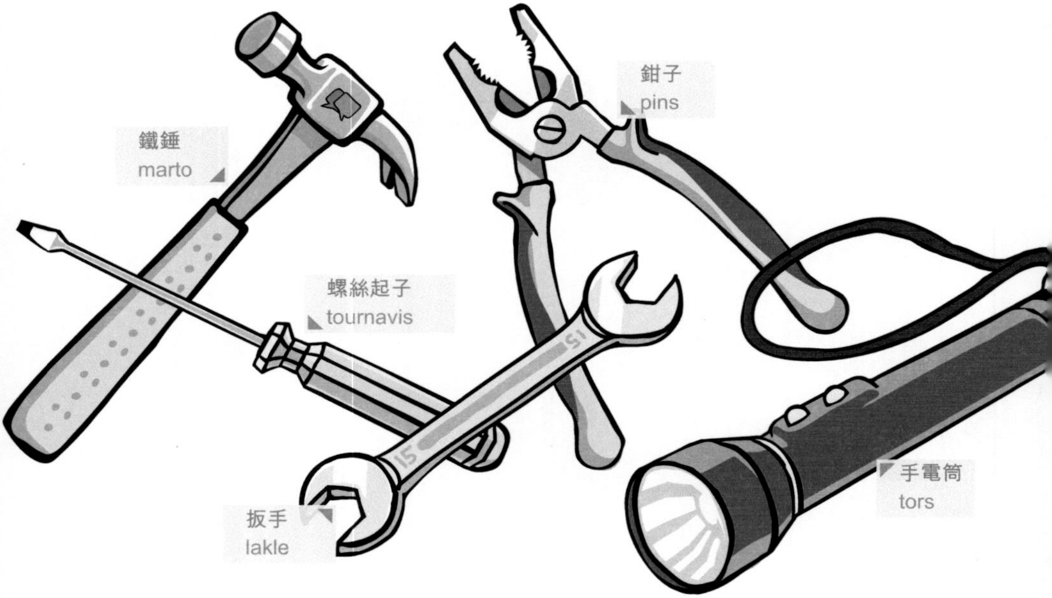

鐵錘
marto
螺絲起子
tournavis
鉗子
pins
扳手
lakle
手電筒
tors

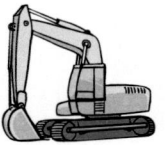

挖掘機

peltez

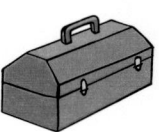

工具箱

bwat zouti

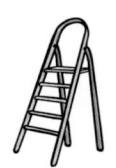

梯子

lesel

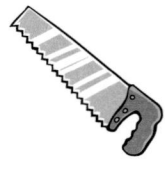

鋸子

lasi

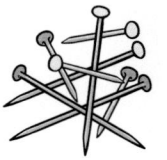

釘子

koulou

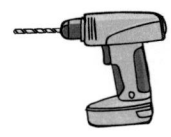

鑽機

persez

修
aranze

鏟子
lapel

糟糕！
Ayo!

畚箕
lapel

油漆桶
po lapintir

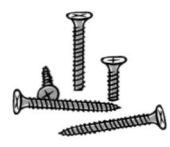

螺絲
vis

樂器

instriman lamizik

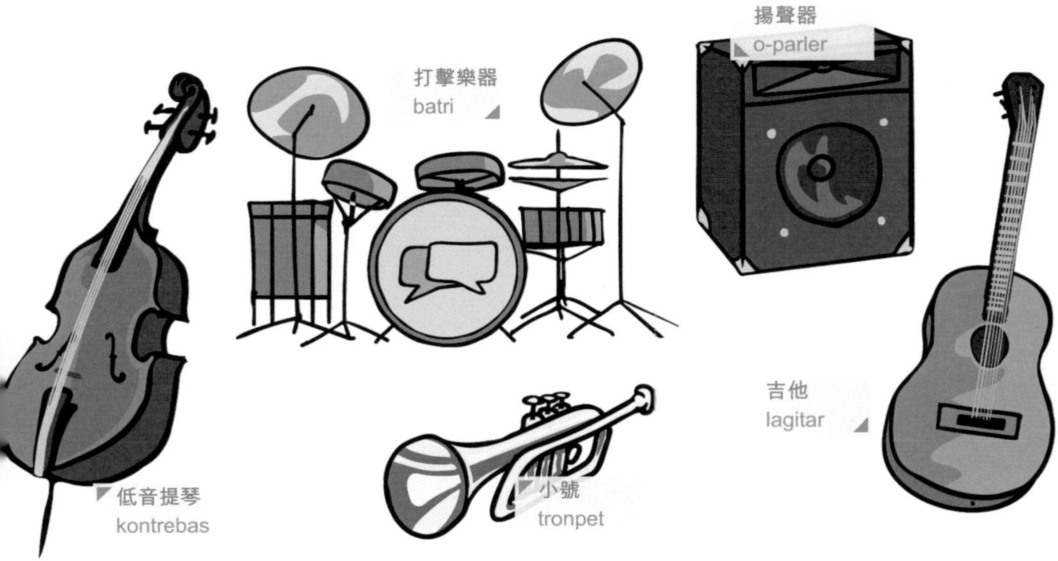

打擊樂器
batri

揚聲器
o-parler

吉他
lagitar

低音提琴
kontrebas

小號
tronpet

鋼琴

piano

小提琴

violon

貝斯

bas

定音鼓

tinbal

鼓

tanbour

電子琴

klavie

薩克斯風

saxofonn

長笛

laflit

麥克風

mikro

動物園

ZOO

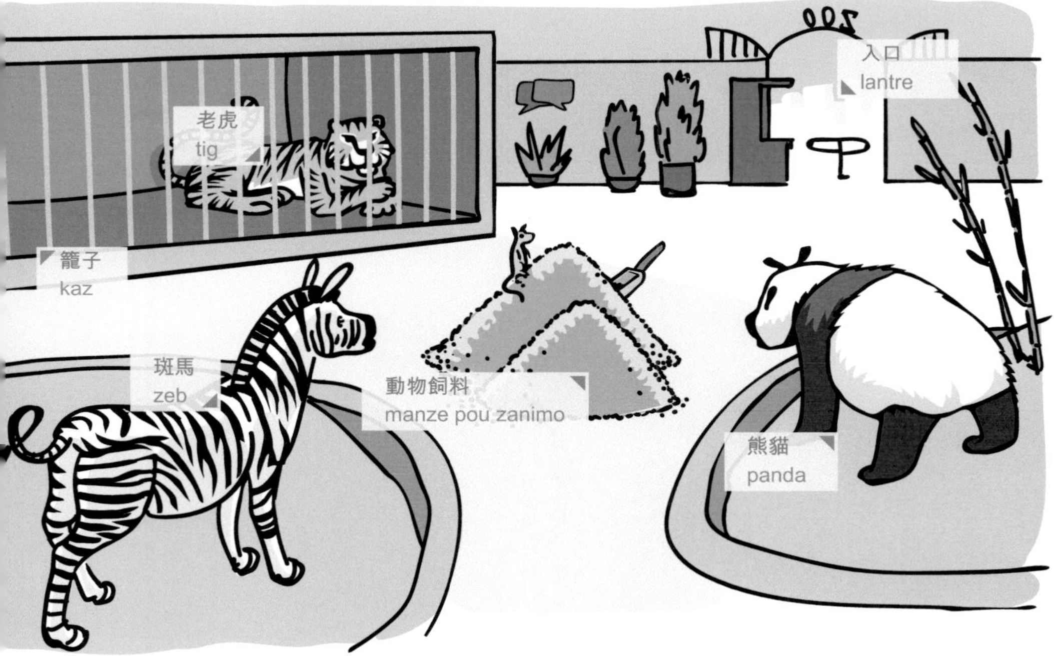

入口
lantre
老虎
tig
籠子
kaz
斑馬
zeb
動物飼料
manze pou zanimo
熊貓
panda

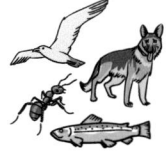

動物

zanimo

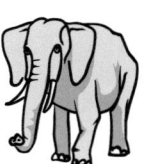

大象

lelefan

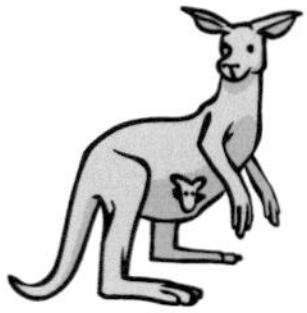

袋鼠

kangourou

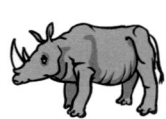

犀牛

rinoceros

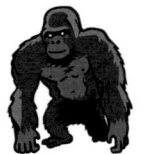

大猩猩

gori

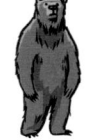

熊

lours

駱駝

samo

鴕鳥

lotris

獅子

lion

猴子

zako

紅鶴

flaman roz

鸚鵡

peroke

北極熊

lours poler

企鵝

pingwi

鯊魚

rekin

孔雀

pan

蛇

serpan

鱷魚

krokodil

動物園管理員

gardien zoo

海豹

fok

美洲豹

zagwar

矮種馬

poney

豹

leopar

河馬

ipopotam

長頸鹿

ziraf

老鷹

leg

野豬

sangliye

魚

pwason

龜

torti

海象

mors

狐狸

renar

羚羊

gazel

橄欖球
foutborl ameriken

騎腳踏車
siklism

網球
tenis

籃球
basketball

游泳
natasion

拳擊
labox

冰球
oke lor gazon

美式足球
foutborl

羽毛球
badminton

田徑
atletism

手球
handball

滑雪
ski

馬球
polo

跳 sote

笑 riye

擁抱 maye

走路 marse

唱 sante

做夢 reve

祈禱 priye

親吻 anbrase

書寫
ekrir

畫
desine

展示
montre

推
pouse

給
done

拿
pran

有
ena

做
fer

當
ete

站
diboute

跑
galoupe

拉
rise

丟
zete

摔倒
tonbe

躺
alonze

等待
atann

攜帶
amene

坐
asize

穿衣
abiye

睡覺
dormi

醒來
leve

看
gete

哭
plore

擊
karese

梳頭
pengne

交談
koze

明白
konpran

問
dimande

聽
ekoute

喝
bwar

吃
manze

清理
netwaye

愛
kontan

做飯
kwi

開車
kondir

飛
anvole

航行

fer lavwal

計算

kalkile

讀

lir

學習

aprann

工作

travay

結婚

marye

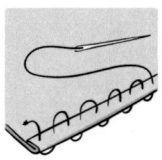

縫

koud

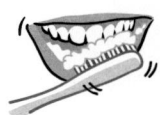

刷牙

bros ledan

殺

touye

抽菸

fime

寄

avoye

祖母
granmer

祖父
granper

父親
papa

母親
mama

嬰兒
ti-baba

女兒
tifi

兒子
garson

客人
ot

阿姨
matant

叔叔
tonton

兄弟
frer

姐妹
ser

身體
lekor

前額
fron
眼睛
lizie
臉
figir
下巴
manton
乳房
tete
手指
ledwa
手
lame
手臂
lebra
肩膀
zepol
腿
lazam

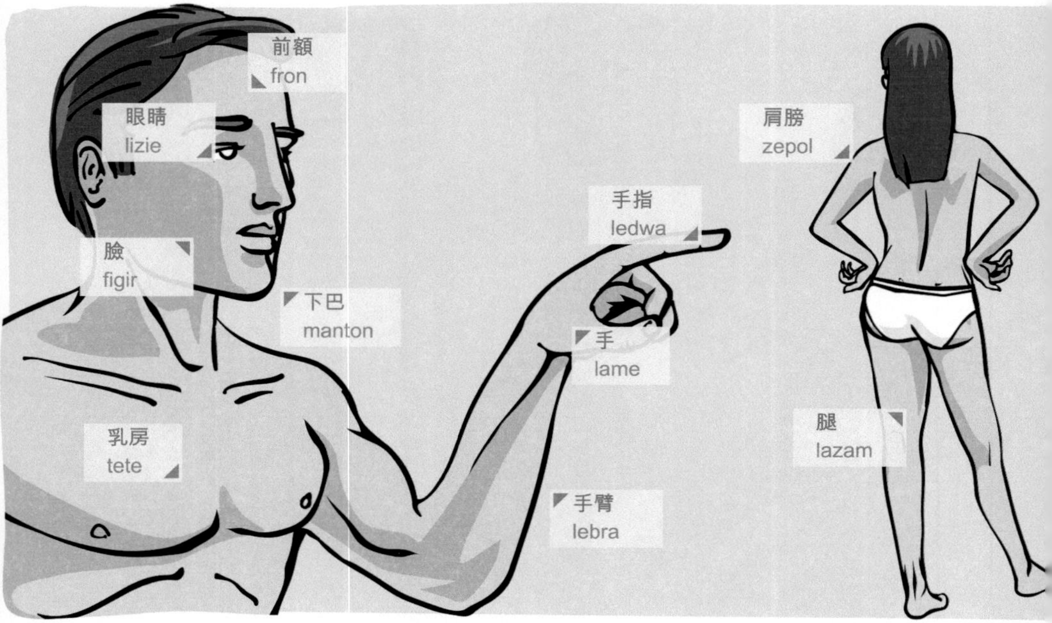

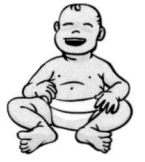

嬰兒

ti-baba

男人

zom

女人

fam

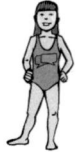

女孩

tifi

男孩

ti-garson

頭

latet

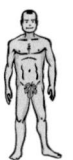

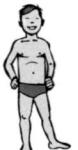

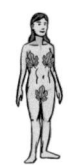

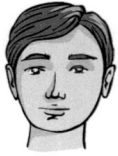

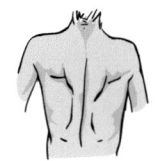

背部

ledo

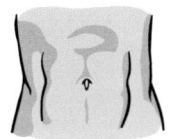

肚子

vant

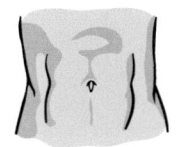

肚臍

lonbri

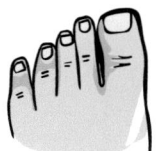

腳趾

zortey

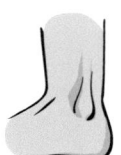

腳後跟

talon

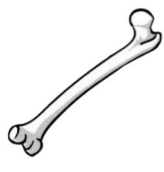

骨頭

lezo

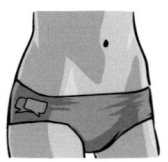

臀部

laans

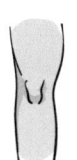

膝蓋

zenou

手肘

koud

鼻子

nene

屁股

fes

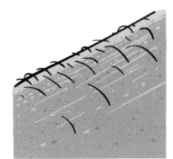

皮膚

lapo

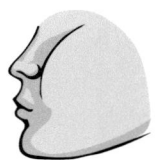

臉頰

lazou

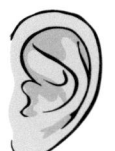

耳朵

zorey

嘴唇

lalev

嘴
labous

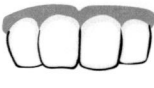

牙齒
ledan

舌頭
lalang

腦
servo

心臟
leker

肌肉
mix

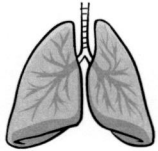

肺
poumon

肝臟
lefwa

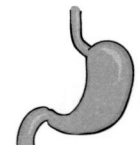

胃
lestoma

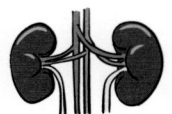

腎臟
lerin

性交
sex

保險套
kapot

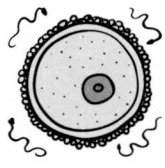

卵子
ovil

精子
sperm

懷孕
groses

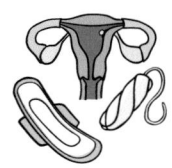

月事

period

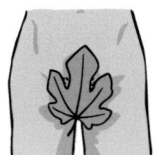

陰道

vazin

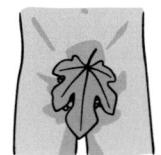

陰莖

penis

眉毛

soursi

頭髮

seve

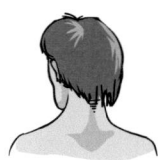

脖子

likou

醫院

lopital

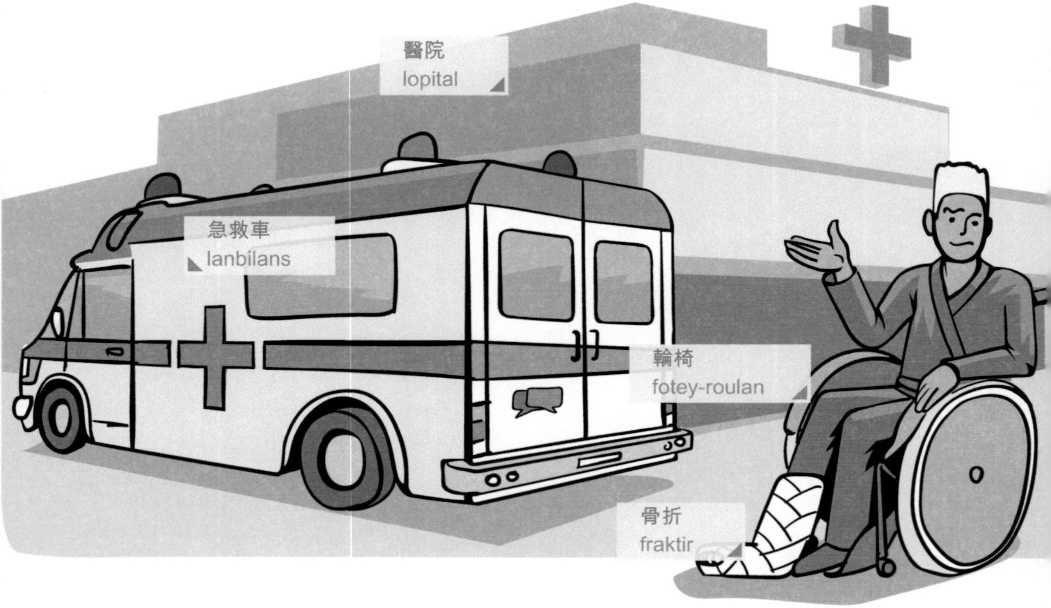

醫院
lopital
急救車
lanbilans
輪椅
fotey-roulan
骨折
fraktir

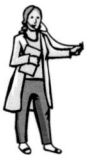

醫師

dokter

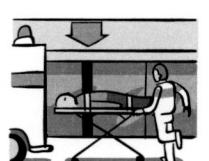

急診室

servis irzans

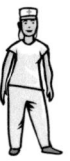

護理師

ners

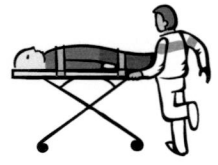

緊急情形

irzans

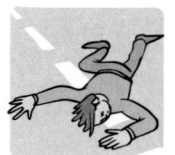

昏迷

inkonsian

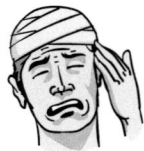

痛

douler

受傷

blesir

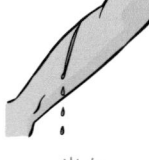

出血

emorazi

心臟病發作

kriz kardiak

中風

atak serebral

過敏

alerzik

咳嗽

touse

發燒

lafiev

流感

lagrip

腹瀉

diare

頭痛

malad latet

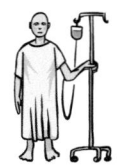

癌症

kanser

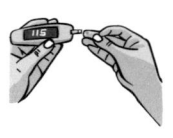

糖尿病

diabet

外科醫師

sirirzien

手術刀

skalpel

手術

operasion

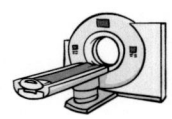
電腦斷層掃描
CT

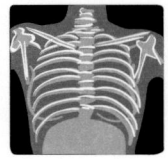
X光
x-ray

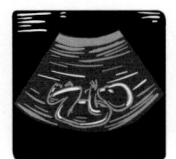
超音波
iltrason

口罩
mask

疾病
maladi

候診室
sal-datant

拐杖
beki

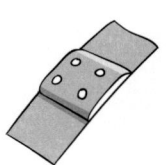
石膏
pansman

繃帶
bandaz

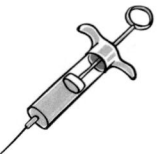
注射
inzeksion

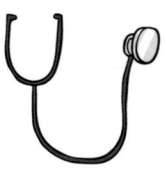
聽診器
stetoskop

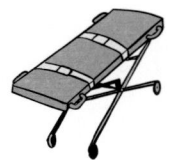
擔架
brankar

體溫計
termomet

出生
nesans

超重
sirpwa

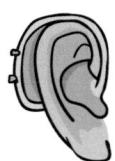

助聽器

laparey oditif

消毒液

dezinfektan

感染

infeksion

病毒

viris

愛滋病

HIV / SIDA

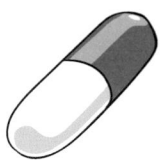

藥物

medsinn

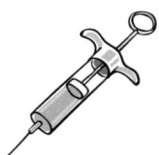

接種疫苗

vaksinasion

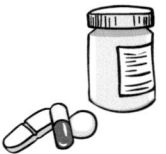

藥片

konprime

藥丸

pilil kontraseptif

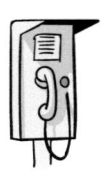

急救電話

korl irzans

血壓計

laparey tansion

生病/健康

malad / bien

救命！

o-sekour

警報

alarm

突擊

atak

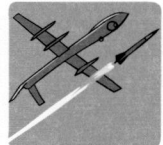

攻擊

atak

危險

danze

緊急出口

sorti de sekour

失火了！

Dife!

滅火器

laponp dife

意外

aksidan

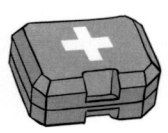

急救箱

kit first aid

呼救訊號

SOS

員警

lapolis

歐洲

Ierop

北美洲

Lamerik di nor

南美洲

Lamerik di sid

非洲

Iafrik

亞洲

Iazi

澳洲

Iostrali

大西洋

latlantik

太平洋

pasifik

印度洋

losean indien

南冰洋

losean antartik

北冰洋

losean artik

北極

Pol Nor

南極

Pol Sid

南極洲

lantartik

地球

later

陸地

later

海

lamer

島

zil

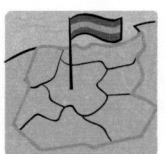

國家

nasion

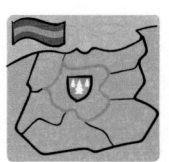

州

leta

錶盤
kadran

時針
zegwi ler

分針
zegwi minit

秒針
zegwi segonn

現在幾點？
ki ler la ?

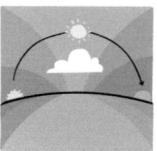

天
zour

時間
letan

現在
aster-la

電子錶
mont dizital

分
minit

時
ler

週

lasemenn

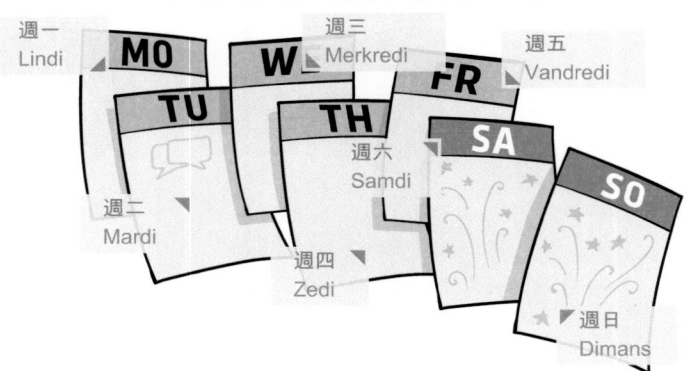

週一 Lindi
週二 Mardi
週三 Merkredi
週四 Zedi
週五 Vandredi
週六 Samdi
週日 Dimans

昨天
......
yer

今天
......
zordi

明天
......
demin

早晨
......
gramatin

中午
......
midi

晚上
......
aswar

工作日
......
zour travay

週末
......
wikenn

彩虹
larkansiel

雨
lapli

風
divan[

雪
lanez

春
printan

夏
lete

秋
otonn

冬
liver

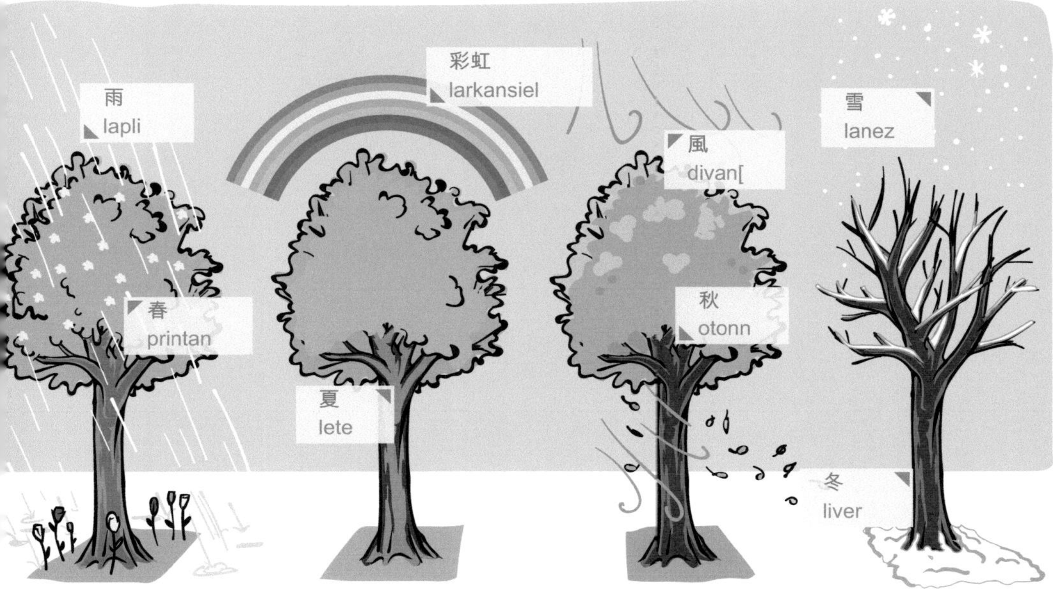

天氣預告

meteo

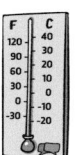

溫度計

termomet

陽光

lalimier soley

雲

niaz

霧

brouyar

潮濕

limidite

閃電

lafoud

打雷

toner

風暴

tanpet

冰雹

lagrel

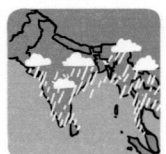

季風

mouson

洪水

inondasion

冰

laglas

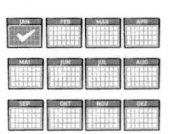

一月

Zanvie

二月

Fevriye

三月

Mars

四月

Avril

五月

Me

六月

Zien

七月

Zilie

八月

Out

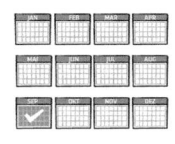

九月

Septam

十月

Oktob

十一月

Novam

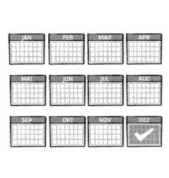

十二月

Desam

圓形

ron

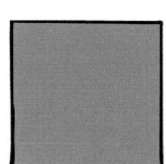

正方形

kare

長方形

rektang

三角形

triang

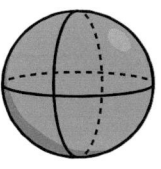

球體

sfer

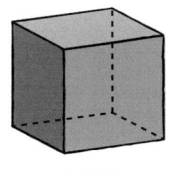

立方體

kib

顏色
bann kouler

白

blan

黃

zonn

橙

oranz

粉

roz

紅

rouz

紫

mov

藍

ble

綠

ver

棕

maron

灰

gri

黑

nwar

很多/少許

boukou / enn tigit

生氣/平靜

ankoler / kalm

美/醜

zoli / vilin

首/尾

koumansman / lafin

大/小

gro / tipti

明/暗

kler / obskirite

兄弟/姐妹

frer / ser

乾淨/骯髒

prop / sal

完整/缺失

konple / inkonple

白天/晚上

lizour / lanwit

死/生

vivan / mor

寬/窄

larz / sere

可食用/非食用

komestib / inkomestib

邪惡/善良

move / bon

興奮/無聊

exsite / agase

胖/瘦

gra / mins

第一/最後

premie / dernie

朋友/敵人

kamwad / lennmi

滿/空

ranpli / vid

硬/軟

dir / mou

重/輕

lour / leze

餓/渴

fin / swaf

生病/健康

malad / bien

非法/合法

ilegal / legal

聰明/愚笨

intelizan / kouyon

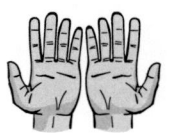

左/右

gos / drwat

近/遠

pre / lwin

新/舊

nouvo / ize

沒有/有些

nanye / kiksoz

老/幼

vie / zenn

開/關

demare / arete

打開/闔上

ouver / ferme

安靜/吵鬧

trankil / for

富/窮

ris / pov

對/錯

bon / move

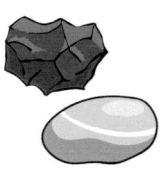

粗糙/光滑

brit / lis

傷心/高興

tris / zwaye

短/長

kourt / long

慢/快

lan / rapid

濕/乾

tranpe / sek

溫暖/涼爽

so / fre

戰爭/和平

lager / lape

數字
nimero

0

零
....
zero

1

一
....
enn

2

二
....
de

3

三
....
trwa

4

四
....
kat

5

五
....
sink

6

六
....
sis

7

七
....
set

8

八
....
wit

9

九
....
nef

10

十
....
distribiter biye

11

十一
....
onz

12
十二
douz

13
十三
trez

14
十四
katorz

15
十五
kinz

16
十六
sez

17
十七
diset

18
十八
dizwit

19
十九
diznef

20
二十
vin

100
百
san

1.000
千
mil

1.000.000
百萬
milyon

英語

Angle

美式英語

Angle Lamerik

普通話

Mandarin Sinwa

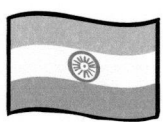

印地語

Hindi

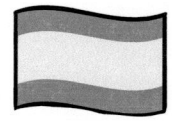

西班牙語

espagnol

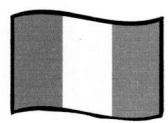

法語

Franse

阿拉伯語

Arab

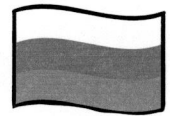

俄語

Ris

葡萄牙語

Portige

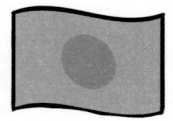

孟加拉語

Bengali

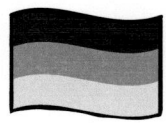

德語

Alman

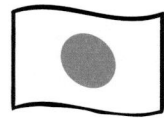

日語

Zapone

我

mo

你

to

他/她/它

li

我們

nou

你們

ou

他們

zot

誰？

kisana?

什麼？

kiete?

如何？

kouma?

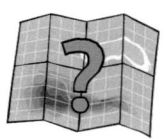

何處？

kotsa?

何時？

kan?

名字

nom

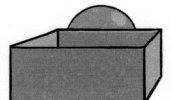

後面

deryer

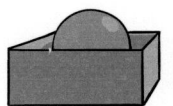

裡面

dan

前面

devan

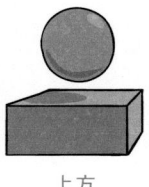

上方

lor

上面

lor

下麵

anba

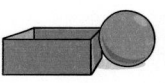

旁邊

akote

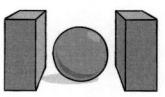

中間

ant

地點

plas